Mentaltraining für Jugendliche

Tu es ... jetzt!

Beatrice Ribaux-Geier

Mentaltraining

© 2014 - Beatrice Ribaux-Geier

www.bea.ribaux.ch
www.ribauxpartner.ch

2. Auflage
ISBN 978-3-7322-8281-4
Herstellung und Verlag:
BoD - Books on Demand, Norderstedt
Alle Rechte liegen bei der Autorin

Seit über 20 Jahren arbeite ich als Coach und Logopädin mit hunderten von Menschen. Immer wieder wurde ich gefragt, ob ich die Übungen, die ich im Coaching weitergebe, auch in Buchform hätte. Es hat 15 Jahre gedauert, jetzt sind sie da. In diesem Buch findest du die 20 besten Übungen, die ich in Seminaren gelernt, in Büchern und Internet gelesen und auch selber erfunden habe. Wähle aus, was für dich sinnvoll und aktuell nützlich ist.

Natürlich kann jeder Erwachsene diese Übungen auch anwenden!

Inhaltsverzeichnis

Mentaltraining, was ist das?	05
Trick: Kraft oder Schwäche	06
Motto Mentaltraining	07
Meister Nasrudin	08
Liste von Powersätzen	09
Ü 01 Ich bin König/in meiner Gedanken	10 BL
Ü 02 Diamanten	11 B
Ü 03 Powerknopf	12 L
Ü 04 Lebensrad	13 B
Ü 05 Tapas	14 K
Ü 06 Wo taucht der Gedanke ab?	15 BK
Ü 07 DAHO	16 B
Ü 08 Automatisches Schreiben	17 BL
Ü 09 Schnabelhand	18 K
Ü 10 Konzentrations-Mudra	19 K
Ü 11 Hakini Mudra	20 K
Ü 12 Powersmiley	21 BK
Ü 13 Sicherer Ort	22 KL
Ü 14 Schmetterling	23 B
Ü 15 Glaskugel	24 K
Ü 16 APP für Rechtschreibung	25 L
Ü 17 APP für Konzentration	26 K
Ü 18 Stein des Lächelns	27 B
Leonardo da Pisa (Fibonacci)	28
Ü 19 FIBO für Konzentration	29 K
Ü 20 FIBO Ich kann es	31 L
Literaturliste	33
Entensuppe	34
Zitierte Autoren und Quellen	35
Autorin	36

Die folgenden Buchstaben zeigen dir, welche Fähigkeit mit einer Übung besonders gefördert und trainiert wird:

B: Blockaden lösen
K: Konzentration steigern
L: Lernen verbessern

Mentaltraining: Was ist das?

Was für den Körper das Fitnessstudio ist für den Kopf mentales Training. Wusstest du, dass sich die Frage ob du Erfolg hast oder nicht, zu mehr als 80% in deinem Kopf entscheidet? Deshalb wird mentales Training immer wichtiger.

Schüler, Musiker, Chefs, Manager, Verkäufer, Sportler haben erkannt, dass die mentale Grundeinstellung ein wichtiger Faktor für Erfolg ist. Gedanken zu trainieren und gezielt einzusetzen, hilft Ziele zu erreichen, wie auch in schwierigen Situationen einen absolut klaren Kopf zu bewahren. Ebenso nützt Mentaltraining im Alltag weiter – und es ist relativ leicht zu lernen. Willst du das auch können?

In diesem Buch erhältst du die 20 besten Übungen, die ich seit Jahren in meinem Coaching an Jugendliche weitergebe. Ich habe sie in Seminaren gelernt, in Büchern gefunden und zum Teil selbst entwickelt.

Bevor wir damit anfangen, folgender Hinweis aus der Gehirnforschung. Man kann letztlich niemanden dazu bringen oder zwingen, ein Lernangebot oder einen Befehl von außen gegen den eigenen Willen anzunehmen. Das Gehirn als System ist innen so hochgradig verdrahtet, dass es im Wesentlichen mit sich selbst beschäftigt ist. Reize und Informationen von außen haben einen verschwindend kleinen Einfluss gegenüber dem inneren Geschehen (Schmidt, S.15). Für das Lernen und auch das Einüben des Mentaltrainings bedeutet dies:
Bevor du einem Hinweis von außen nachgehst, beobachte zuerst, was zu dieser Sache in dir selbst vor sich geht. Überlege dir, was du in dieser Sache bereits tust.

Lass es dir gut gehen, finde für dich die besten Übungen, die dir gut tun und **tu es jetzt!** Auf der nächsten Seite findest du einen Trick, mit dem du testen kannst, ob die Übung dich stärkt oder schwächt.

Auf Seite 8 verrate ich dir, welche zwei Nasrudin-Geschichten mich dazu ermuntert haben, die besten 20 Übungen für dich aufzuschreiben!

Trick: Teste, ob dich etwas stärkt oder schwächt!

Teste selbst, wie die Kraft unserer Gedanken unsere Energie beeinflusst.

Die folgende Übung zeigt, wie sich deine Gedanken und Denkweise auf deine Verfassung auswirken. Wir nutzen dazu den O-Ring Test: Wenn du Daumen und Zeigefinger nicht zusammenhalten kannst, reagiert der Muskel schwach und zeigt, dass der Körper im Stress ist. Kannst du die Finger zusammenhalten, ist alles okay, und es tut dir gut.

Mach diese Übung zu zweit. Halte Daumen und Zeigefinger deiner rechten Hand wie im Bild 1 gezeigt zusammen. Die Person neben dir testet nun (Bild 2), wie gut deine Finger zusammenhalten, während du den lächelnden Smiley anschaust. Dasselbe macht ihr mit dem Anti-Smiley.

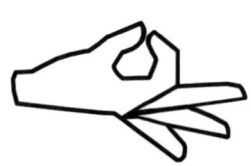

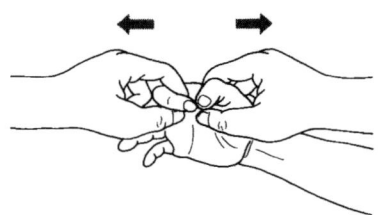

Bild 1 deadalus-institut.de   Bild 2 Praxis Aruna

Merkst du den Unterschied? Du kannst so überprüfen ob dir was gut tut oder nicht. Du denkst beispielsweise an Popcorn: Zusammenhalten der Finger heißt: optimal, gut, super, stärkt, das esse ich. Nachgeben der Finger heißt: Geht nicht, tut nicht gut, schwächt, esse ich nicht.

Motto von Mentaltraining

Nike: Just do it oder tu es jetzt!

1. Gib immer dein Bestes!

2. Schau deine Leistung genau an!

3. Genieße, was du tust!

1 beinhaltet, dass man bei jeder Aufgabe und bei jedem Wettkampf sich darauf konzentrieren soll, eine ausgezeichnete Leistung zu erreichen, die beste, die man im Moment erreichen kann. Lässig eine Sache hinter sich zu bringen, ist Zeitvergeudung.

2 Nach jeder Leistung soll man sich fragen: „Was kann ich davon lernen?"

3 Die Tätigkeit soll Freude machen. Wer nicht genießt, was er tut, kann seine Leistung nicht verbessern. Also - immer überlegen: „Was kann ich tun, damit es noch mehr Spaß macht?"

Darum: Tu es jetzt!

Meister Nasrudin

Alle andern

Nasrudin ging auf einen Eselsmarkt.

„Möchtest du Esel kaufen?", fragte ihn ein Händler.

„Ja", sagte Nasrudin.

„Wie wäre es mit einem dieser besonders schönen Tiere?"

„Einen Augenblick", sagte Nasrudin, „ich möchte, dass du mir die schlechtesten Esel, die du hast, vorführst."

„Diese hier sind die schlechtesten."

„Sehr gut! Dann nehme ich all die anderen."

(Shah, S. 42)

Und noch eine Geschichte von Nasrudin.

So einfach geht es.

„Als ich einmal in der Wüste war", erzählte Nasrudin eines Tages, „habe ich einen ganzen Stamm schrecklicher und blutrünstiger Beduinen zum Rennen gebracht."

„Wie ist dir das denn gelungen?"

„Ganz einfach! Ich bin weggerannt, und sie rannten hinter mir her."

(Shah, S. 78)

Liste von coolen Powersätzen
Was du dir immer wieder sagen kannst

Ich bin in ausgezeichneter Form.

Ich bin die Ruhe selbst. Mit jedem Ausatmen nimmt meine Gelassenheit zu.

Ich bin da. Es freut mich, genau das ... zu sehen, hören, spüren...

Das ist Spaß und Entspannung für mich.

Ich liebe diese Tätigkeit.

Ich bin ein Gewinner, und das spornt mich an, mein Bestes zu geben.

Ich bin ein ausgezeichneter...

Ich vertraue meinen Fähigkeiten.

Ich besitze die Fertigkeiten, die ich brauche, um eine optimale Leistung zu bringen.

Je höher der Druck, desto konzentrierter bin ich.

Ich steuere auf mein langfristiges Ziel zu.

Bei schwierigen Aufgaben bringe ich eine optimale Leistung.

Ich fühle mich mental stark.

Ich kann mich jeder Situation anpassen.

Ich bin im Fluss.

Ich bin voller Selbstvertrauen und Freude

Ich fühle mich wie damals, als ich gewonnen habe!

Ich bin nicht Favorit – ich kann nur gewinnen – und genau das ist mein Vorteil!

Ich kann diese Tätigkeit ausüben, erlernen.

X fällt mir leicht. Es ist leicht, (Gebiet nennen) zu lernen.

Ü 01 Ich bin König/in

ICH BIN KÖNIGIN/KÖNIG ÜBER MEINE GEDANKEN!

Wiederhole diesen Satz und sinniere darüber.

„Ich bin Königin/König meiner Gedanken und lenke durch meine Gedanken die Energie, ich erschaffe meine Wirklichkeit."

(Lötscher, H., Das Daumen-hoch-Prinzip, S.112)

Gleich und Gleich gesellt sich gern: Das Gesetz der Anziehung. Es besagt, dass ich das, woran ich denke, anziehe. Das heißt, wenn ich mich innerlich ärgere und entsprechend ärgerliche Gedanken habe, erlebe ich Ärger. Andersrum: Wenn ich mich innerlich freue, erlebe ich Freude und bin glücklich.

Achte täglich 3-10 Minuten lang auf das, was du denkst.

ICH BIN KÖNIGIN/KÖNIG ÜBER MEINE GEFÜHLE!

Wenn Du nicht so ‚gut drauf' bist, wie du es wünschst, dann konzentriere dich darauf, deine Gefühle im Inneren zu fühlen, und hebe sie bewusst an. Mach die folgende Übung dazu:

Schließe die Augen, denk an dein inneres mühsames Gefühl und lächle eine Minute lang dazu. Ich bin sicher, dass es dir danach besser geht, vielleicht sogar gut.

Als Erinnerung an diese Übung gibt es ein Krone-Kärtchen, das in einer Box bei uns erhältlich ist.

Tu es jetzt!

Ü 02 Diamanten

Wir erstellen eine Liste mit einigen Diamanten:

Was sind Diamanten: Diamanten sind die härtesten und teuersten Steine. Deine Diamanten sind Gedanken an Dinge, die dein Gefühl im Handumdrehen verändern. Diamanten sind z.B.: sehr schöne Erinnerungen, Gedanken an lustige Erlebnisse, an die wunderbare Natur, an liebe Menschen, an dein Lieblingstier. Notiere einige dieser Erlebnisse, Gedanken oder Dinge in der Liste unten.

Wenn Du verärgert oder frustriert bist, nimmst du die Liste und denkst an einen der Diamanten. ODER:
Du kannst diese Liste auf ein separates Blatt schreiben, in Streifen schneiden und die Diamanten einzeln an verschiedenen Orten platzieren. Gute Orte für die Diamantstreifen sind etwa: Schreibpult, Schuletui, Veloklingel, Tennisracket, Kühlschrank, Haustür. etc.
Du wirst merken, dass dein negatives Gefühl sich in Luft auflöst, wenn du an Diamanten denkst.

Tu es jetzt!

Ü 03 Powerknopf installieren

Diesen Powerknopf zu haben ist Gold wert, denn er ist jederzeit bei dir. Du kannst ihn nicht verlieren und dadurch kannst du ihn in allen Situation anwenden. Zuerst musst du ihn installieren.

1.) Powerknopf **programmieren** und
2.) Powerknopf am richtigen **Ort platzieren**. Mach es jetzt.

Programmieren geht so:
Denke an eine Situation, in der du dich sehr gut gefühlt hast. Dir ging es blendend, du warst absolut erfolgreich, um dich herum war es schön, fröhlich, angenehm, etc. Wenn du daran denkst, kribbelt es vielleicht in dir, du fühlst Wärme und spürst richtig die Energie.

Ort für Powerknopf finden:
Suche einen Ort an deinem Körper, den du jederzeit ohne Mühe berühren kannst. Geeignete Orte sind an der Hand, z.B. zwischen dem Zeigefinger und Daumen oder auf den Fingern direkt. Du berührst also mit der einen Hand den Finger an der andern Hand.

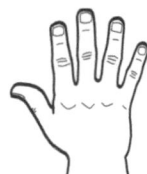

Mach die Übung so:
- Denk an dein gutes Gefühl, deine Situation und drück den Powerknopf an deiner Hand JETZT. Lass ihn nach einigen Sekunden los.
- Der Powerknopf ist jetzt geladen und allzeit bereit.
- Tu etwas anderes, lauf herum, atme tief ein.
- Jetzt testen wir den Knopf. Drücke ihn nochmals...
- Hat es funktioniert? Spürst du das gute Gefühl wieder aufsteigen? Wenn nicht, musst du die Übung wiederholen. Just do it, es lohnt sich.

Zu dieser Übung gibt es das Anker-Kärtchen, das in einer Box bei uns erhältlich ist.

Tu es jetzt!

Ü 04 Lebensrad
(nach Hedy Lötscher)

Das Lebensrad von Hedy Lötscher eignet sich sowohl zur Selbstreinigung wie auch als Kick für mehr Motivation und Freude. Es kann beliebig oft angewendet werden.

Du kannst stehen oder sitzen dazu. Stell dir jetzt einmal vor, du willst einen Ärger, den du vor kurzem hattest, auflösen. Zuerst reibst du beide Hände aneinander, wie wenn du Energie entstehen lassen willst und denkst oder sagst deine Absicht: „Ich löse diesen Ärger auf." Du kannst an die betreffende Situation denken. Vielleicht war noch eine andere Person beteiligt oder du hast dich über dich selbst oder eine Sache aufgeregt.
Wir trommeln in drei Runden um den Bauchnabel herum.

1. Runde:
Nun trommelst du mit der rechten Hand in einem schnellen Rhythmus 3-mal auf dem Magenbereich, dann 3-mal links des Bauchnabels. Du gehst also von dir aus gesehen im Uhrzeigersinn vor. Dann 3-mal unter dem Bauchnabel und schließlich noch 3-mal auf der rechten Körperseite.
2. Runde:
Nun wechselst du die Hand und trommelst eine Runde ebenfalls im Uhrzeigersinn mit der linken Hand.
3. Runde:
Bei der dritten und letzten Runde trommelst du mit der rechten Hand die erste und zweite Stelle (Magen und links vom Bauchnabel) und dann mit der linken Hand die dritte und vierte Stelle (unterhalb und rechts vom Bauchnabel).

Zum Schluss legst du beide Hände übereinander auf das Brustbein. Rechtshänder legen die rechte Hand nach unten. Dann atmest du leicht ein und ganz bewusst aus, um noch den letzten Rest Anspannung loszulassen. Atme tief aus. Vermeide zu tiefes Einatmen.
Nun klopfe noch 3-mal mit der flachen Hand auf das Brustbein.

Tu es jetzt!

Nach: Lötscher-Gugler, Hedy: Auf den Schwingen des Glücks. Blockierte Energien lösen. Patmos Verlag Düsseldorf, 2006, S. 108-109.

Ü 05 Tapas-Akupressur-Technik (TAT)
(nach Tapas Flemming)

Wenn du große Ängste hast und sofort Hilfe brauchst, ist diese Übung sehr hilfreich.

Bei der TAT legt man drei Finger einer Hand aufs Gesicht und die Handfläche der anderen Hand auf die Schädelbasis am Hinterkopf. So geht es:

- Führe - ohne zu großen Druck - Ringfinger und Daumen zueinander und leg die Fingerspitzen dieser beiden Finger auf die inneren Augenwinkel zu beiden Seiten der Nasenwurzel. Den Mittelfinger legst du dabei leicht an die Stirn. Die andere Hand liegt mit der Handfläche auf dem Knochenvorsprung am Hinterkopf, dort, wo der Schädel endet.
- In dieser Haltung denkst du an den schlimmsten Aspekt des Problems, das dich gerade belastet, und wartest, bis sich eine körperliche Veränderung einstellt. Meistens passiert das nach ein bis zwei Minuten.
- Dann halte die Position weiterhin und sage: „Alle Ursachen dieses Problems sind gelöst."

Tu es jetzt!

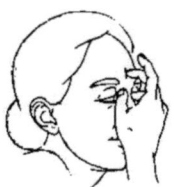 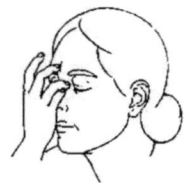

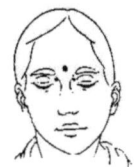 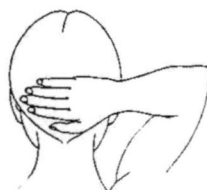

Ü 06 Wo taucht der Gedanke ab?

Dies ist eine weitere Methode für den Umgang mit der Gedankenflut.

Diese Übung von Stephen Wolinsky eignet sich für mühsame Gedanken oder unerwünschte Gefühle:
Kommt ein blöder Gedanke, sagst du: „Und wo taucht dieser Gedanke ab?" Oder: „Wo verschwindet dieser Gedanke?"

Ein Beispiel: Du hast Angst bei einer Prüfung. Statt innerlich zu sagen: „Jetzt darf ich keine Angst haben", sagst du „Wo taucht diese Angst ab?" Es liest sich komisch, ich weiß das, aber, es funktioniert. Ein anderes Beispiel: Du hast Stress mit der Präsentation deines Vortrags: Sag einfach immer wenn der Stress auftaucht: „Wo tauchst du Vortragsstress ab? Wo verschwindet dieser Vortragsstress?"
Du musst es vielleicht mehrmals hintereinander sagen und du wirst spüren wie der Stress nachlässt, vielleicht verschwindet der Stress sogar vollständig.

Tu es jetzt!

Ü 07 DAHO - Daumen hoch

Teil 1:

- Beweg den rechten Arm mit ausgestrecktem Daumen mit Schwung nach vorn und weiter senkrecht nach oben. Verfolge den Daumen mit den Augen und sage (oder denke) dabei ‚DAHO'. Dann nimmst du den Arm in die Ausgangsstellung zurück.

- Dasselbe tust du mit dem linken Arm.

- Wiederhole den Ablauf noch zweimal mit jedem Arm, vollführe total also sechs Armbewegungen.

Teil 2:

- Beide Arme werden nun gleichzeitig mit gestrecktem Arm nach oben bewegt, bis sie im Bildkanal sind, das heißt du schaust nach oben und hältst den Kopf dabei gerade.

- Nun bewege die Daumen im Bildkanal auseinander und sag dabei: „DAHO". Du bleibst mit den Augen oben in der Mitte, siehst aber, wie sich die Daumen nach außen bewegen. Die Daumen putzen mit dieser Bewegung den Bildkanal. Beweg die Arme soweit auseinander, bis sie seitlich ausgestreckt sind. Dann führe die Arme zurück, bis die Daumen sich am Ausgangspunkt wieder berühren.

- Die Arme mit den aneinander liegenden Daumen werden nun ein Stückchen nach unten bewegt, bis in den Hörkanal auf Ohrenhöhe. Du schaust geradeaus und machst dasselbe.

- Die Arme werden noch ein bisschen tiefer bewegt. Du schaust nach unten. Du putzt nun den Gefühlskanal.

- Zum Abschluss führst du den rechten Daumen gestreckt vor dich hin und sagst bekräftigend: „DAHO". So bestätigst du: „DAHO - alle Kraft ist in mir." Linkshänder machen dies mit dem linken Daumen.

- Nach Bedarf wiederholen.

Mach diese Übung am besten am Morgen und gehe mit Kraft und viel Energie in den Tag hinein. Abends werden damit alle negativen Gedanken und Stress ausgeschieden, und du kannst entspannt Freizeit und Nacht genießen. Tu es jetzt!

(Mehr zu DAHO liest du im Buch von Hedy Lötscher, das Daumen-hoch-Prinzip, AT-Verlag, 2009)

Ü 08 Automatisches Schreiben

Mit dieser Denktechnik findest du den Weg zum kreativen Unbewussten und lässt alle Schreibblockaden hinter dir. Setz dich zum automatischen Schreiben hin. Du hast 12 Minuten Zeit und achtest auf die folgenden Punkte:

1. Halte die Hand bei gutem Tempo stets in Bewegung.
2. Streiche nichts während des Schreibens.
3. „Nicht denken" ist das Motto.
4. Satzbau, Rechtschreibung, Grammatik und Satzzeichen sind unwichtig.
5. Was tun, wenn dir nichts mehr einfällt? Gibt es nicht, einfach weitermachen.
6. Wichtig: Die Texte sind persönlich und werden von anderen nicht gelesen. Vernichte den Text danach. Zerknüll ihn und wirf ihn in einen Papierkorb.

Du kannst schreiben, was du willst. Es darf auch total sinnlos sein, schreib einfach ohne zu stoppen. Denn kein Unsinn ist so unsinnig, als dass er dich nicht auf einen besonderen Gedanken, eine Idee, etwas Neues bringen würde.

(nach Gabriela Leist)

Tu es jetzt!

Ü 09 Schnabelhand / mukula-mudra

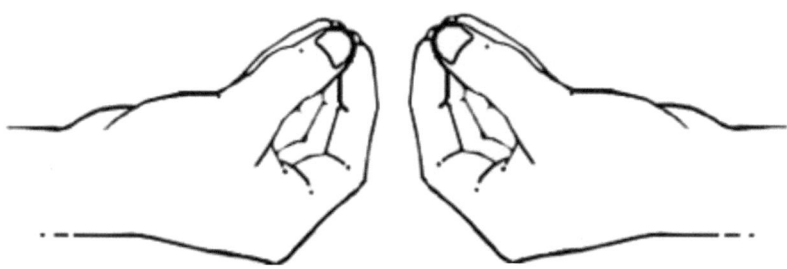

Dieses Mudra hilft dir, die Konzentration zu steigern, denn die Fingerspitzen sind eng mit dem Gehirn verbunden, somit kann die Konzentration sofort entstehen.

Mudras sind Gesten und Bewegungen, die du mit den Händen machen kannst. In Indien werden sie oft verwendet. Man sagt, dass die verschiedenen Handbewegungen dem Körper Energie schenken, dass man konzentrierter ist oder mehr Mut hat.

Die Schnabelhand geht so:

Du legst die Fingerkuppen aller fünf Finger aneinander, wie im Bild oben. Mach es mit beiden Händen gleichzeitig. Halte die Hände ein paar Minuten vor deinen Körper und atme dazu tief in den Bauch.

Ü 10 Mudra für Konzentration

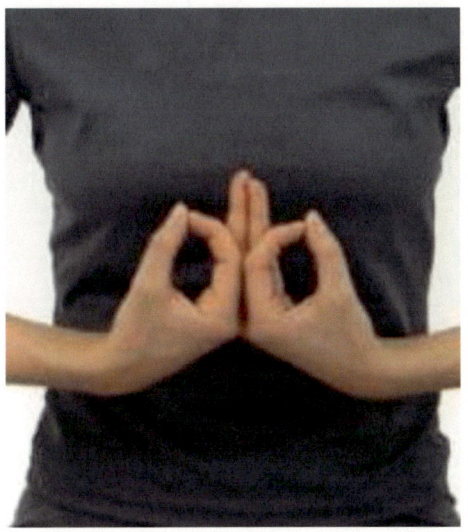

Setz dich bequem im Schneidersitz mit geradem Rücken und aufrechtem Kopf hin. Bring die Hände auf die Höhe zwischen Bauchnabel und Brust. Forme jeweils mit Zeigefinger und Daumen einen Kreis. Die anderen Finger sind gestreckt, berühren sich gegenseitig und sind nach oben gerichtet. Die Rückseiten der Finger berühren sich. Atme tief ein und spüre wie sich die Gedanken beruhigen und du dich konzentrieren kannst.

Ü 11 Hakini - Mudra

Führe die Fingerspitzen der linken und rechten Hand so zusammen, wie du sie auf dem Bild oben siehst.

Immer wenn du tief einatmest, reibst du beginnend mit den beiden Daumen je zwei gegenüberliegende Finger.

Zusätzlich kannst du noch die Augen abwechselnd ruhig nach links und nach rechts bewegen. Du stärkst damit die Augenmuskulatur.

Ganz super ist es, wenn du dazu sagst:

„Ich kann mich gut konzentrieren. Alles, was ich weiß, steht mir jederzeit zur Verfügung."

Ü 12 Powersmiley
(nach Hedy Lötscher, 2009)

Mit dieser Übung bekommst du sofort Zugang zu deinen beiden Gehirnhälften.

Stell dir vor, du hast auf deiner Stirn einen smiley gemalt.
Du schaust nun auf einen Punkt vor dir und bleibst mit den Augen immer auf dem Punkt fixiert.
Gedanklich machst du nun mit den Augen eine Schaukelbewegung. Du vollziehst die Smiley-Bewegung innerlich, bleibst aber mit den Augen immer am Punkt vor deinen Augen. Du tust nur so, als ob du die Schaukelbewegung machen würdest.

Tu es jetzt!

Wenn du einen negativen Gedanken oder ein Gefühl hast, das dich stresst, machst du diese Übung.
Du denkst oder spürst den Moment, und wenn die Gefühle voll da sind, machst du den Powersmiley. Anschließend kreierst du einen tollen Gedanken.

Zum Beispiel: „Ich kann es, ich bin gut!" Auch mit diesem Gedanken führst du die Übung nochmals durch.

Diese Übung kannst du im Bus, Tram, Zug, in der Schule, also überall, machen.

Tu es jetzt!

Ü 13 Sicherer Ort

Es ist hilfreich und sinnvoll, einen sicheren und schönen Ort zu haben, wenn man Angst hat oder im Stress ist.

Diesen Ort kannst du selber finden und in deinem Inneren verankern.

Solche innere Orte können sein:

- Dinge oder Gegenstände, die du gerne hast
- eine schöne Landschaft
- in einer Hängematte liegend
- an einem Strand spazieren gehen

Nun bauen wir den Ort in deinem Innern auf:

Du setzt oder legst dich ganz entspannt hin, schließt die Augen und erinnerst dich an einen wunderschönen Ort. Du fühlst dich da, wo du gerade bist wohl, entspannt, hörst die Geräusche um dich herum. Du spürst die Wärme, das Kribbeln. Es gefällt dir da.
Du bleibst dann 10 Sekunden in diesem Zustand und öffnest dann die Augen.

Du kannst das Bild malen, es aufschreiben, ein Foto im Internet suchen und aufhängen. Es erinnert dich immer daran, dass du diesen sicheren Ort jederzeit abrufen kannst.

Wenn du bei Prüfungen, im Sport oder bei deinen Freunden an eine Blockade kommst, kannst du kurz an diesen Ort gehen. Das Adrenalin in deinem Körper wird sich senken und das Glückshormon Serotonin hat wieder Platz.

Tu es jetzt!

Ü 14 Schmetterling

Du sollst morgen auf Schulreise gehen, hast aber Angst davor. Alle möglichen Gedanken fallen dir in den Sinn. Was ist, wenn meine Freundin nicht kommt, was ist, wenn der Zug Verspätung hat, was ist, wenn es mir schlecht wird?

Folgende Übung hilft dir dabei, dass diese Gedanken verschwinden und dass du am Morgen super entspannt auf die Schulreise gehst.

Du sitzt aufrecht auf dem Stuhl und legst die Handflächen auf deine Oberschenkel.

Du denkst nun an das unangenehme Gefühl. Dann beginnst du regelmäßig auf deine Oberschenkel zu klatschen. Mach es nicht gleichzeitig, sondern abwechselnd rechts und links. Mach es so lange, bis dein Gefühl verschwunden ist, und du entspannt und tief einatmen kannst.

Du kannst die Arme auch vor dir kreuzen (Schmetterlingshaltung) und mit den Händen abwechselnd links und rechts auf deine Schultern klopfen.

Sobald das schlechte Gefühl verschwunden ist, kannst du das neue Gefühl, „ich schaff das", auf dieselbe Art und Weise einklopfen, bis es dir gut geht und du sehr relaxed bist.

Tu es jetzt!

Ü 15 Glaskugel
(in Anlehnung an Antje Heimsöth, 2013)

Mit dieser Vorstellung kannst du innere und äußere Störfaktoren ausschalten.

Stell dir beim Lernen vor, du sitzt in einer Glaskugel. Du siehst alles um dich herum, du atmest frische Luft. Zu dir kommen aber keine störenden Geräusche, kein Lärm umgibt dich. Du merkst zwar, was um dich herum passiert, z.B. dass jemand spricht, aber der Inhalt lenkt dich nicht ab.
Die Glaskugel ist gleichzeitig deine Schutzhülle, in der du dich auch bewegen kannst. Du hast diese Glaskugel oder Schutzhülle immer bei dir, und du kannst sie jederzeit zum Einsatz bringen.

Immer, wenn du sie brauchst, kannst du GLASKUGEL sagen und du hast sie sofort zur Verfügung.

Tu es jetzt!

Ü 16 Rechtschreibung-APP

Wie lerne ich die Rechtschreibung easy? Das hast du dich sicher auch schon gefragt.

Diese APP funktioniert nur mit Kopfhörer, denn du musst sie hören und dich dabei bewegen. Ja genau! Nicht lesen und schreiben, sondern HÖREN!

Dazu musst du dich BEWEGEN! Vorher solltest du sie noch im App- oder Playstore herunterladen.

Du gehst also auf einen Ergometer, Rudergerät, Stepper und hörst die App dazu. Du hörst die wesentlichen Rechtschreibregeln und sie gehen dir dank der Bewegung direkt ins Langzeitgedächtnis. Bewegung zum Lernen ist genial, effizient und macht Spaß.

Super ist es, wenn du die App mehrmals hörst.

Los geht es, tu es jetzt!

Ü 17 Konzentrations-APP

Jürgen Lux hat eine fantastische App kreiert, die du ebenfalls im App-Store oder Playstore unter „SoundPads" herunterladen kannst. Lade das Soundpad: KONZENTRATION.

Bereits nach 3 Minuten bist du vollständig konzentriert, du fühlst dich erfrischt und relaxed.

Ü 18 Stein des Lächelns

Auch für diese Übung gibt es eine Karte in unserer Box.

Such dir einen schönen, flachen ca. 10 cm großen Stein, heb ihn auf und schau ihn dir zuerst einmal genau an. Ist er nicht schön?

Schreib nun ein Powerwort darauf. Das kann zum Beispiel sein:

MUT, FREUDE, SPAß, GELINGEN, POWER, ICH KANN ES, VERGNÜGEN, HURRA, etc.

Leg den Stein auf deinen Schreibpult, Nachttisch, ins Schuletui. Er soll für dich sichtbar sein. Wenn du willst, kannst du ihn auch in deiner Hosentasche immer mit dir tragen.

Kleiner Tipp: Es gibt Gold-und Silberstifte, die du überall kaufen kannst. Sie eignen sich gut für die Steinoberfläche, da sie schnell trocknen und relativ wasserfest sind.

Tu es jetzt!

Leonardo da Pisa (Fibonacci)

Der Mathematiker Leonardo da Pisa, auch Fibonacci genannt, hat vor vielen Jahrhunderten, genau um 1180 herum, herausgefunden, dass jedes Objekt, jeder Gegenstand, jedes Gefühl in der Natur eine bestimmte Ordnung hat. Sieh dir mal die Blütenblätter einer Rose an. Du wirst entdecken, dass bei allen Rosen die gleiche Reihenfolge der Blütenblätter besteht. Oder schau dir eine Sonnenblume an. Auch hier siehst du, dass die Kerne im Innern immer genau gleich angeordnet sind.

In der Architektur, siehst du, dass das Dach immer im oberen Drittel ist. Die Stockwerke nehmen zwei Drittel vom Haus ein, das Dach ein Drittel. Diese Aufteilung nennt man auch den goldenen Schnitt.

Auch unser Körper ist diesen Gesetzmäßigkeiten unterstellt. Wenn du konzentriert bist, ist die Ordnung in deinem Körper perfekt. Deine Atmung, deine Handlungen, alles ist im Gleichgewicht. Das gilt auch fürs Lernen.

Es gibt aber immer Momente in deinem Leben, wo du nicht konzentriert bist und du nicht gut lernen kannst.

Damit du wieder ‚in Ordnung' kommst, haben Jürgen Lux und ich hier zwei Fibonacci-Gitter vorbereitet, die du ausmalen, ausschneiden und auf deinen Schreibpult legen kannst.

Durch das Ausmalen dieses sehr geordneten Gitters und durch das Anschauen wirst du dich ab sofort gut konzentrieren können, und auch das Lernen sollte dir besser gelingen. Du ordnest dein Inneres, das Chaos verschwindet und du fühlst dich wohl.

(Ein Buch mit mehreren Bildern in dieser Form ist in Bearbeitung und erscheint 2014.)

Ü 19 Fibo-Bild: Konzentration

Nimm Farbstifte und mal dieses Bild aus:
1 Grün 2 Dunkelblau 3 Rot
4 Gelb 5 Lila 6 Hellblau
7 Dunkelgrün 8 Braun 9 Orange

Während des Ausmalens denke an: *Ich kann mich gut auf eine Sache konzentrieren, weil ich den Wunsch habe, zu verstehen. Ich habe die Zusammenhänge und habe den Wunsch die Lösung zu finden. Es fällt mir leicht, Gelerntes zu verstehen.*

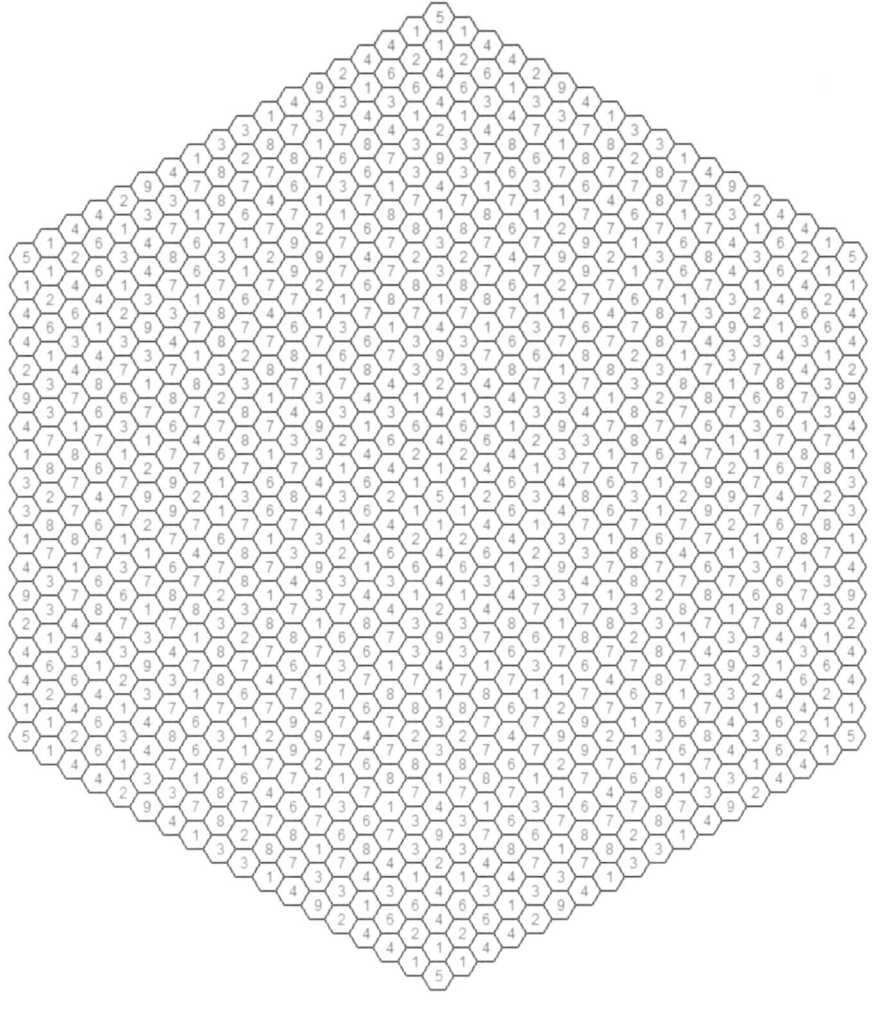

Ü 20 Fibo-Bild: Ich kann es!

Nimm Farbstifte und mal dieses Bild aus:
1 Rot   2 Gelb   3 Grün
4 Orange   5 Hellblau   6 Dunkelgrün
7 Lila   8 Dunkelblau   9 Braun

Denke: *Ich kann alles lernen, was ich will! Ich schaffe das! Es macht mir großen Spaß zu lernen!*

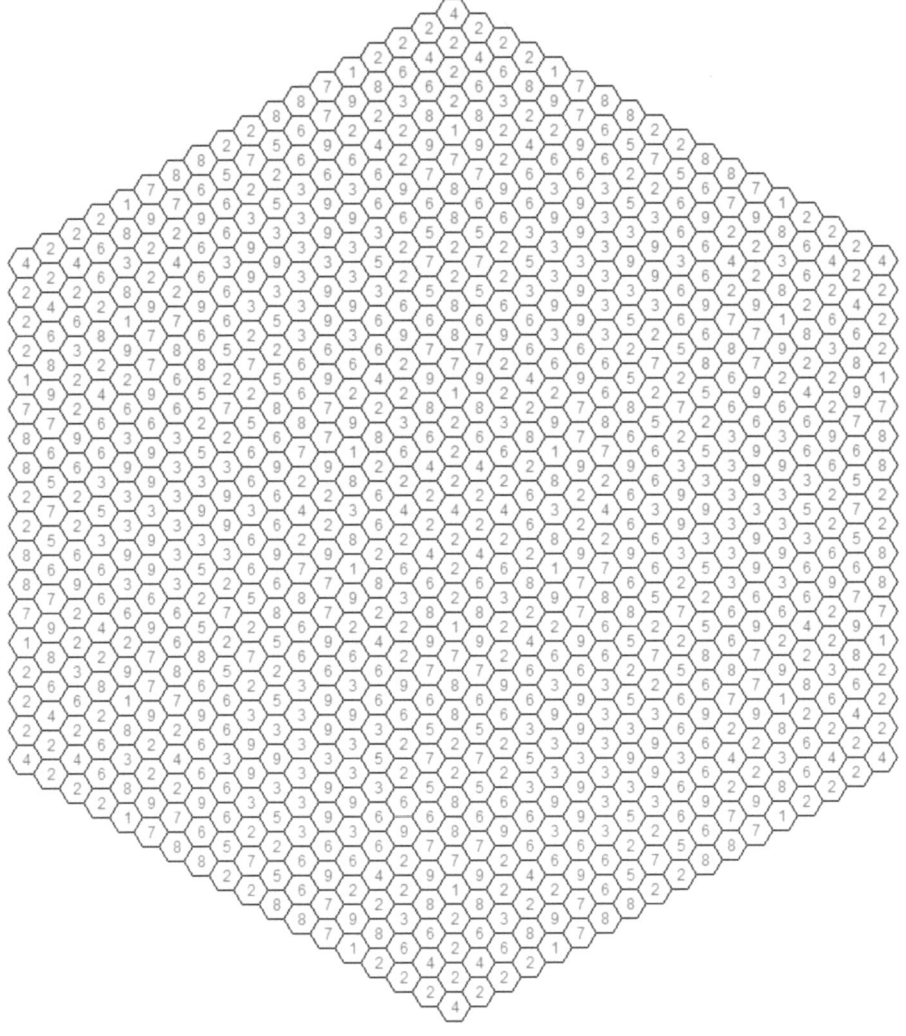

Literaturliste

Besser-Siegmund (2006): Mentales Selbst-Coaching. Die Kraft der eigenen Gedanken positiv nutzen. Junfermann Verlag, Paderborn.

Besser-Siegmund, Cora und Harry Siegmund (2001): EMDR im Coaching. Wingwave – wie der Flügelschlag eines Schmetterlings. Junfermann Verlag, Paderborn.

Heimsoeth, Antje (2013): Mein Kind kann's. Mentaltraining für Schule, Sport und Freizeit. Verlag pietsch, Stuttgart.

Hirschi Gertrud (2004): Mudras für Körper, Geist und Seele. Urania Verlag, Neuhausen/Schweiz.

Lötscher-Gugler, Hedy (2009): Das Daumen-hoch-Prinzip: Magische Werkzeuge für ein kraftvolles Leben. At-Verlag, München.

Lötscher-Gugler, Hedy (2006): Auf den Schwingen des Glücks. Blockierte Energien lösen. Walter Verlag, Düsseldorf.

Lötscher-Gugler, Hedy (2000): Lernen mit Zauberkraft. NLP für Kinder. Patmos Verlag, Düsseldorf.

Mayer, Jan und Hermann, Hans-Dieter (2009): Mentales Training. Springer Verlag.

Preetz, Norbert (2012): Nie wieder Angst. So lösen Sie Ängste in Minuten. Verlag Erfolg und Gesundheit, Magdeburg.

Ribaux Beatrice und Ribaux Claude André (2011): Schärfen der Sinne. Ein Übungsbuch. BoD.

Ribaux Claude-André (2013): Mentaltraining. BoD.

Shah, Idries (1984, 4. Auflage): Die fabelhaften Heldentaten des vollendeten Narren und Meisters Mulla Nasrudin. Herder Verlag, Freiburg i.Brsg.

Shapiro, Francine (2013): EMDR-Grundlagen und Praxis. Handbuch zur Behandlung traumatisierter Menschen. 2. überarbeitete Auflage. Junfermann, Paderborn.

Tracy, Brian (1998): Das Gewinner Prinzip. Gabler Verlag.

Waesse, Harry und Kyrein, Martin (2012, 8. Auflage): Yoga für Einsteiger. GU-Verlag, München.

Wolinsky Stephen (1999): Die alltägliche Trance. Heilungsansätze in der Quantenpsychologie. Lüchow-Verlag

Entensuppe

Ein Verwandter vom Lande besuchte Nasrudin und brachte eine Ente mit. Nasrudin war dankbar, ließ die Ente kochen und teilte die Mahlzeit mit seinem Gast.
Bald darauf kam ein anderer Gast. Er war, wie er sagte, ein Freund des Mannes, der dir die Ente geschenkt hat. Nasrudin bewirtete auch ihn.
So trug es sich mehrmals zu. Nasrudins Haus glich einem Gasthaus für Besucher vom Lande. Jedermann war irgendwieherum ein Freund des ursprünglichen Entenschenkers.
Schließlich wurde Nasrudin ärgerlich. Eines Tages klopfte es an die Tür, und ein Fremder tauchte auf. „Ich bin ein Freund des Freundes von dem Freund des Mannes, der dir die Ente vom Land mitgebracht hat", sagte er.
„Komm herein", sagte Nasrudin.
Sie setzten sich zu Tisch, und Nasrudin bat seine Frau, die Suppe aufzutragen.
Als der Gast sie versuchte, schien es nichts anderes als warmes Wasser zu sein.
„Was ist das für eine Suppe?", fragte er Nasrudin.
„Das", sagte Nasrudin, „ist die Suppe von der Suppe von der Suppe von der Ente."

(Shah, S. 114)

Zitierte Autoren und Quellen

Bandler, Richard (1987): Veränderung des subjektiven Erlebens. Fortgeschrittene Methoden des NLP. Junfermann, Paderborn.

Besser-Siegmund, Cora (2001): Magic Words. Der minutenschnelle Abbau von Blockaden. 4. Aufl. Junfermann, Paderborn.

Blakeslee, Sandra und Blakeslee, Matthew (2009): Der Geist im Körper. Das Ich und sein Raum. Spektrum der Wissenschaft, Heidelberg.

Byrne, Rhonda (2007, 10. Auflage): The Secret. Das Geheimnis. Goldmann (Arkana), München.

Laborde, Genie Z. (1991): Kompetenz und Integrität. Die Kommunikationskunst des NLP. Junfermann, Paderborn.

Schmidt, Gunther (2010, 3. Aufl.): Einführung in die hypnosystemische Therapie und Beratung, Carl-Auer Verlag, Heidelberg.

Die Bilder sind folgenden Quellen entnommen:

Hand:	www.idrawdigital.com
Diamant:	http://www.schulbilder.org
Schnabelhand:	http://ww.ecured.cu
Schneidersitz:	http://www.ellviva.de
Hakini-Mudra:	http://www.youthfulyogis.com
Bild Konzentrations-App:	http://www.liftyourlife.de/
Bilder Tapas:	http://www.tatlife.com

Beatrice Ribaux-Geier, ist diplomierte Logopädin Universität Fribourg, sowie EMDR-Therapeutin und Coach; Brainlog-Coach; Wingwave-Coach; AWH-Beraterin; NLP Master.

Ich bin Expertin für Lernen, Sprechen, Lesen, Schreiben und persönliche Entwicklung mit langjähriger professioneller Erfahrung, sowie Begleiterin beim Lösen innerer Handbremsen. Ich habe mit Erwachsenen, Kindern und Jugendlichen mehr als 10'000 umfassende Coachings durchgeführt.

Ausbildung und Werdegang: Als ursprünglich diplomierte Primarlehrerin habe ich mit lernbehinderten und sozial auffälligen Kindern gearbeitet. Nach dem Studium zur pädagogischen und klinischen Logopädin stellte ich meine Kenntnisse einer Vielzahl von Menschen zur Verfügung, sowohl in pädagogischen wie auch in medizinischen Institutionen. Klinisch und pädagogisch wirkte ich in eigener Praxis von 1995 bis 2003 in Bern und St. Gallen. Seit 2003 arbeite ich in meiner Praxis als Logopädin in der City von Zürich. Meine Schwerpunkte hier sind: Dyslexie (Lese- und Rechtschreibstörung), Dyskalkulie (Rechenstörung), Stottern und Lernschwierigkeiten.

Coaching: Neben der logopädischen Beratung führe ich auch Lerncoachings und -seminare durch. Ich betätige mich auch als Trainerin für Lernmethoden und für fotografische Lesetechniken. Seit 2004 setze ich limbische Coachingmethoden zur Regulierung von Leistungsstress, zur Lösung innerer Handbremsen und zur Förderung von Kreativität ein.

Ich arbeite mit Kindern, Jugendlichen und Erwachsenen.

Schreiben Sie an:
Beatrice Ribaux-Geier
Beethovenstraße 49
CH-8002 Zürich
bea.ribaux@bluewin.ch
www.bea-ribaux.ch
www.ribauxpartner.ch